El séptimo día Dios leyó poesía

BEATRIZ DÍAZ

El séptimo día Dios leyó poesía

Colección Generación del Vértice, 218

EL SÉPTIMO DÍA DIOS LEYÓ POESÍA

© De textos y composición de la portada
BEATRIZ DÍAZ RODRÍGUEZ

© Del prólogo
TOMÁS LAERMITA

© De la edición
CELYA EDITORIAL
Apdo. Postal 1.002 – Toledo (45080)
celya@editorialcelya.com
www.editorialcelya.com
Tel.: 639 542 794

1ª edición: Septiembre, 2024

ISBN: 978-84-19933-09-6
D.L.: TO 205-2024

Imprime CELYA

PRÓLOGO

Suele suceder muy a menudo. La vida sale a nuestro encuentro con frecuencia. Nos creemos a salvo de casi todo lo que el olvido tiene guardado, cómplice del tiempo. Sin querer, nos despojamos, una a una, de las hojas que el viento del olvido barre hasta el pozo del recuerdo. Y es entonces cuando buscamos tenazmente la luz.

Nuestra mirada tiene delante, página a página, lo que nuestros ojos andaban buscando. Y lo encontramos, lo tenemos delante. No lo habíamos hallado, pero él ha salido a nuestro encuentro. En silencio, calladita y sin querer molestar, tenemos delante una página preciosa del libro de nuestras vidas.

A veces los sueños son tan imprevisibles que juegan a los dados con las estampas perdidas de nuestras vidas, y ganan la partida. Hacen saltar por los aires las ataduras del tiempo, haciendo añicos el olvido para que fluya a borbotones el manantial del recuerdo...

Y así, en esa hermosa página de mi vida, recuerdo en una modesta escuela de pueblo a Beatriz. Ella, poniendo toda su atención en la clase de matemáticas; yo, intentando que las ecuaciones y las fórmulas dejaran de ser antipáticas a mis alumnas y alumnos de entonces.

Por aquellos días, mi afición por la literatura nunca quedó seducida por mi trabajo como profesor de matemáticas. Nada podía hacerme imaginar que el destino me iba a regalar volver a encontrarme de nuevo con mi querida alumna, Beatriz, esta vez como compañeros cantores en la Coral de Valmojado.

Compartiendo ensayos en la Coral también se comparten vivencias, experiencias, aficiones, inquietudes y proyectos. Así es como Beatriz me hace conocedor de su hermosa aventura poética y, unos días más tarde, me obsequia con un librito de sus poemas.

En ese momento me sentí afortunado y, al mismo tiempo, agradecido. Sentí, al tenerlo entre mis manos, la sensación tan olvidada de un juguete a estrenar con el perfume de lo nuevo.

¿Cuál sería mi encuentro con la poesía escrita por mi querida compañera?

Lo leí de un tirón, como quien anda buscando algo que echa en falta y que se le escapa de las manos cada vez que está cerca.

¿Obsesión, obstinación, vacío, ternura, inconformismo…? ¿Búsqueda…? Algo que merezca la pena encontrar y con muchos nombres en su tarjeta de identidad.

¿Merece la pena el encuentro o la búsqueda? Son poemas intimistas, sutiles, desgarradores, desnudos a veces, para vestir la palabra con sus galas de domingo o llena de harapos. ¡Estampas de vida al fin!

¡Gracias por tu generosidad!

¡Un abrazo!

TOMÁS LAERMITA

Para Carlos, Rocío y Eva.
Os quiero.

Concluyéronse, pues, el cielo y la tierra con todo su aparato.
El séptimo día Dios dio por concluida la labor que había hecho.
Después bendijo Dios el día séptimo y lo santificó,
porque en él puso fin toda la obra creadora que había hecho.

GÉNESIS 2: 1-3

*Entonces apreció la belleza de su creación y se percató
que había creado la POESÍA en estado puro y descansó.*

EL SÉPTIMO DÍA DIOS LEYÓ POESÍA

¿**D**ónde la poesía?
En la sensación de tus ojos cerrados frente al sol
adivinas cómo su luz te acaricia;
he ahí la poesía.

En el cielo límpido de una noche de verano
y, salpicado de estrellas,
está en la capacidad de viajar al infinito
con la mirada puesta en ellas;
he ahí la poesía.

En el misterio de la vida.
En la hembra que porta dos corazones
en su vientre durante meses
y en su alma una eternidad;
he ahí la poesía.

En el AMOR con mayúscula;
he ahí la poesía.
La poesía gusta de esconderse en la sencillez
y en los detalles del día a día.
No conoce la prisa; es amiga de la calma.

Hay quien afirma que la estrofa y la rima están en desuso;
sin embargo, tu boca rima con mi boca
y tu pecho es la estrofa de mis abrazos.
¡Qué paradoja!

Además, tus puntos suspensivos me llevan hasta la exclamación.
Lo cierto es que no existe interrogación en esta sinalefa nuestra,
tan certera.

¿Será que somos dos versos de un poema de amor de otro tiempo?

Si tan solo puedo acariciarte con la punta de mi pluma
y no de mis dedos
juro que mis letras serán delicadas, elegantes e infinitas...
Acariciaré tus sentidos con mi poesía
y tu éxtasis serán las exclamaciones en mis poemas.

Si quieres ser mi amante
lee los versos como es deber leerlos,
como si de besos se tratasen.

Con tus labios pronúncialos despacio
y bébelos con calma.
Acaríciame el oído con las palabras que yo escribo
y tú pronuncias.

¡Tengamos una cita y cenemos sopa de letras!

La palabra es la amante del poeta.
El amor es su musa.
Su locura, el poema.
¿Su remedio?, su locura.

El poeta es un loco

que lleva una pluma en la mano

y pájaros en el corazón.

Mientras dure la tierra,
sementera y siega,
frío y calor,
verano e invierno,
día y noche
no cesarán.

GÉNESIS 8:22

¡**E**xplota, vida!
Da a luz en la vereda.
Pinta los campos de verde
y mi alma de fértil tierra.

Engendra la parra de fruta,
suerte de gargantas sedientas.
Pájaros y mariposas
anuncian la primavera.

Resucita a mi alma yerma.
¡Explota, vida!

*V*uelan a la par las mariposas,
*i*gual en el cielo proceden las águilas,
*d*os tórtolas llevan ramitas en sus picos
*a*l nido que de su amor harán casa.
                        ¡Vida!

El abril que vistió mi corazón de escarlata
¿dónde queda?

¿Y la fragancia de tomillo que envolvía mis paseos
en las tardes eternas?

¡Ay, primavera que se perdió en un reloj de arena!

Extraño volver a esconderme en los trigos
con la sonrisa prendida en mi boca,
el sol en lo alto del cielo
y la inocencia adherida a mi ropa.

Saltar por caminos
que peguen el polvo a mis pies
y escuchar trinos de esas aves,
que tan lejanas hoy se ven.

Quiero volver a la infancia
vestida de flores y hojas
y que me susurre cuentos la brisa
y saque la risa a mi boca.

Al alba,
bajo el cielo ámbar me despiertas.
Caluroso día se adivina
en las trémulas caricias de tus brazos dorados.

Los gorriones baten sus alas
al son de los trinos que entonan en la alborada.
Majestuoso te elevas sobre aquellas montañas.
Suavemente me besas,
cada palmo de mi piel abrazas.

Milagro de fuego al alcance de mi ventana.

En esta gala de otoño,
la mañana se ve hermosa con su vestido mostaza.
El viento la silba galante;
a su paso,
las hojas bailan sensuales danzas.
¡Parece que llueva oro en la arboleda!
El cielo luce pendientes de plata
que libera de sus lóbulos
como agua derramada.
Mi espíritu también se engalana para esta fiesta dorada.
¡Lástima que en mí no luzca tan bonita la plata,
ni los colores ocres consigan iluminar mi cara!

Árbol,

¡que solo te sientes en este jardín desierto de alegría!

Tus hojas el viento ha robado.

¡Ay, el viento!

Vaya confusión te trajo...

Con susurros de amor te fue deshojando.

¡Te ves tan desolado!

Ni siquiera a tu falda se besan los enamorados.

¡Ay, otoño! pintor de ramas desnudas,

cielo de golondrinas ausentes, anfitrión de los vientos que mudan.

¡Ay, noche sin luna!

¡Ay, viento, que dejaste al árbol con sus ramas desnudas!

Sentir y no sentir.
Tragarte el dolor sin masticar,
beberlo de un trago.
Despertar de un sueño
y toparse con la realidad, al tiempo que,
la lluvia resbala por tu paraguas una tarde de noviembre.
¡Noviembre!
Mes en que vivos y muertos se miran a la cara.
Los primeros regalan flores,
los segundos, CERTEZAS.
Sientes el peso del alma.
El paso del tiempo se declara, mientras tanto,
la lluvia resbala por tu paraguas
y empapa tu alma
el primer día de NOVIEMBRE.

Morir, como lo hace la hoja en otoño.
Lentamente caer, mientras la brisa me mece.
Maquillar ocres las mejillas,
mimetizarme con la tierra
y yacer juntas en el lecho de la calma.
Descansar arropada por el musgo
y recibir tamizados los rayos de sol
que renuevan mi alma gastada.
Renacer.
Sentir los brotes verdes de mis entrañas
traspasar con vehemencia el cobertor terroso.
Mientras tanto, el viaje es

lento

y

agónico.

*I*racundo brama el viento.
*N*íveas se vislumbran las cumbres.
*V*uela de la chimenea el
*I*ntangible humo
*E*n la mañana de plata.
*R*uido ausente de algarabía.
*N*adie permanece en la plaza
*O*lvidada, solitaria y fría.
      Invierno.

Niebla, no me asustas.
Ven y resguarda mi alma con tu espesa capa.

Lluvia, no me cobijaré ante tu presencia,
cala mis huesos; eres la única que llora conmigo.

Viento, ¿por qué he de temerte si me cuentas secretos
que nadie más se atreve?,
y canciones,
y cuentos...

¡Qué importa el frío cuando cerca hay quien te arrope
con su aliento!

Observo la verja herrumbrosa, entrada de un jardín sombrío.
La hojarasca delata mis pasos hacia ella.
El cielo llora desconsolado
y yo con él.
La hiedra abraza el arco que sostiene la cancela;
me pregunto si ella será consciente de lo mucho que es amada.
El viento, cortés, empuja la puerta y me invita a entrar,
aunque mi tristeza pesa demasiado para pasearla yo sola
por este jardín marchito.
Si lo hiciera, si recorriera sus rincones en busca de secretos,
yo sería la reina de todas esas flores marchitas.

Acabo de entenderlo, por eso me invitan a su jardín,
¡me quieren reina!
Observo alrededor.
La hojarasca ha borrado el camino de vuelta al claro del bosque.
¿Acaso tengo otra opción?

Los colores de mi jardín pintan la tristeza.
Oigo los cantos de grullas cada vez más lejanos,
ellas llevan tu amistad entre las alas.

Me miro en el espejo del pozo donde lanzamos nuestros deseos,
apenas me reconozco.
Este frío hiela mi pecho y tu risa cálida resuena muy lejos…

Hoy, abrigada por mi soledad,
paseo por este jardín de invierno.

¡Qué amables son tus moradas,
Yahvé Sebaot!
Mi ser languidece anhelando
los atrios de Yahvé;

Salmo 84

En esta noche oscura,
que juega al teatro de sombras conmigo,
me abro paso por los matorrales del sendero.
La luna llena ilumina mis pasos.
Descalza, pido a la tierra que bese mis pies
y de paso, mi espíritu,
en esta búsqueda de mi morada.

Anhelo un hogar esta noche,
que hospede a mi alma asustada y errante;
extraviada por bosques de nostalgia y melancolía.

Desmonto de mi alma en busca del camino que me lleve a la cordura.
Escudriño cada palmo por delante de mi frente,
la niebla complica la visión, me confunde.

Y pienso que la cordura debe vivir en otra dirección.
Las hojas gimen a mi paso.
Una encrucijada se abre a mis pies.
Estoy perdida.
Montaré de nuevo en mi alma,
en sus lomos el día se ve claro y el sol me acaricia.
Nunca debí de ella haberme bajado.

Los maestros brillarán como el resplandor del firmamento y los que enseñaron a muchos a ser justos, como las estrellas para siempre.

DANIEL 12:3

Ansío elevarme ligera.
Fundirme con el Todo y con todo.
Mirar sin ser vista.
Sin los ropajes de mi cuerpo,
desnuda de esta piel que suda,
la carne que pesa,
los huesos que arañan...

Tejer mis alas con hilos de calma
y por fin bautizarme con el nombre de Libertad
y de apellido Esperanza.

El día que vuele alto,
codo con codo con las estrellas,
luciré un vestido de gasa dorada y bordados carmesí.
Tejeré mi cabello con rayos de sol
y por pendientes usaré luceros de plata.
Abriré mi pecho y liberaré al corazón.
De mis ojos no brotarán lágrimas,
sino rocío con el que refrescar las rosaledas.
Y en mi vuelo trazaré surcos dorados de amor.

Embriágame, noche, con la oscuridad de tu cielo.
Permite que me pierda en tu infinito
y me funda con las estrellas, quiero ser polvo de ellas
y alumbrar las almas que encuentre.

Imagino volar sin rumbo
sin más vestido que con la sonrisa puesta.
Tan agradecida y ligera.

¡Hoy quiero ser cielo
y hacer el amor con los cometas!

Nuestros paseos de la mano por aquel palacio de cristal
condujeron nuestros pasos más allá de las estrellas.
Allí, en el firmamento del amor imposible,
dos estrellas tomaron nuestros nombres.
Desde entonces,
cada noche,
en el escenario del universo
hay dos luceros que titilan para decirse «te quiero».

Alma,
si algún día hubieras sido retoño como flor en primavera,
no lo recuerda mi memoria.
Recuerdos que transitan senderos de ensueño
con laderas de amapolas y romero.

Alma, huésped de mi cuerpo,
si algún día tuviste juventud espléndida,
le queda

lejos.

De la noche, el último lucero,
el que recibe al alba
y despide mi sueño ligero,
testigo es de la edad de mi alma,
compañera vieja de mi joven cuerpo.

CODA

Sed fecundos y multiplicaos.

GÉNESIS 1:28

De mi árbol,
en los nidos de las ramas duermen mis crías.
Contemplo sus caritas sonrosadas,
sus mejillas regordetas y sus pestañas como espadas.
En el silencio de la noche beso sus sueños sobre la almohada.
Mis mejores poemas engendrados en lo profundo de mis entrañas.
En mis pies las raíces me amarran,
surten de alimento
para que corra la savia.
Firmes siempre en el sustento de este árbol que escribe la vida.
Mi copa mira hacia el cielo en busca de la luz infinita.
Lento es mi crecer por rápido que pasen los años.
La maleza me ha impedido medrar
hacia donde yo creía que debía hacerlo;
en cambio, ha favorecido que continúe mi camino
por donde mi savia desea.

Sois la tierra seca que piso.
Allanáis los caminos que recorren mis pies agrietados.
Saciáis mi sed con el vino de los odres de las viejas vides.
Sois el calor de las brasas que atizo cuando el invierno
hiela mis huesos.
El sabor del anís de unas puches que endulzan mi lengua
y mi alma.
El tacto del rosario que acaricio cada noche de rodillas
en mi cama.
Sois los dichos y los dejes;
las palabras antiguas que hoy se me antojan
melancólicas baladas.

Aún susurráis cuentos de viejas y de comedias
y de bailes y de milis y de guerras...
Sois los besos al pan.
Las raíces que abrazan mi alma.

En unos cuantos relojes de arena,
volveré a besaros las manos
que cada día acunan mis 40 inviernos.
Hasta entonces, ¡buenos días nos de Dios!

A medio camino entre el cielo y la tierra hallo mis pasos.
Tú, que un día lanzaste mi corazón a las estrellas
hoy te encargas de amarrar mis pies
para que no escapen de la tierra,
porque volar es lo que mejor sé hacer.
Jardinero de mis flores,
sembraste en mi corazón las más bellas.
Al menos por ello,
si algún día, acaso en mi jardín no siguieras,
mereces mil versos tatuados en mis venas.

De enero viste mi blanca flor.
El viento la despoja de sus pétalos
y no tiene dónde enjugar su rocío.
Usa mi hombro como pañuelo.
Sigilosa en mi regazo se acomoda.

Enreda sus pistilos en mis entrañas; se anudan
y fabrican un collar de rubíes que compartimos.

¡Mi delicada flor de enero en mi corazón amada!

Mi girasol.
Fragmento de luz en busca del padre.
Guías mi mirada hacia el sol
porque es donde tú miras
y yo te contemplo como si fuera girasol
en busca de mi estrella.
Eres mi sol.
Me deslumbras.
Tu fruto sacia mi hambre de amor.
Y tu viveza arranca de mi corazón carcajadas amarillas.
Pedacito de sol.
Luz de mi vida.

ÍNDICE